L42b

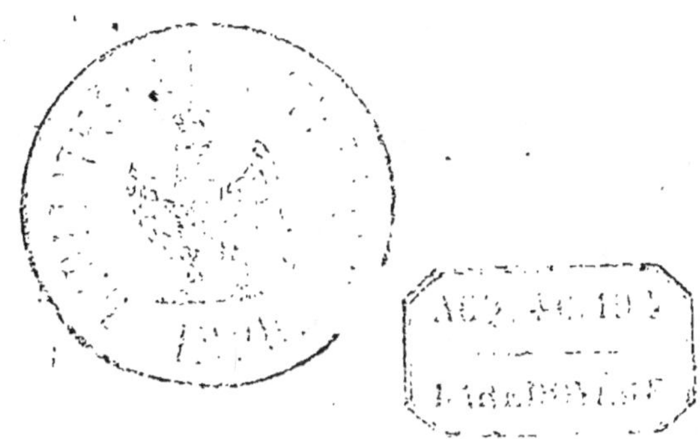

OBSERVATIONS

SUR le rapport et le projet de résolution présentés, le 2 ventôse an 6, au conseil des cinq-cents, relativement à l'exercice et aux effets de l'action en rescision, pour cause de lésion d'outre-moitié contre les ventes d'immeubles faites pendant la dépréciation du papier-monnaie.

OBSERVATIONS

Sur le rapport et le projet de résolution présentés , le 2 ventôse an 6 , au conseil des cinq-cents , relativement à l'exercice et aux effets de l'action en rescision , pour cause de lésion d'outre moitié contre les ventes d'immeubles faites pendant la dépréciation du papier-monnaie.

Rem majoris pretii, si tu vel pater tuus minoris distraxerit : humanum est ut , vel pretium te restituente emptoribus fundum venumdatum recipias , auctoritate judicis interveniente : vel, si emptor elegerit , quod deest JUSTO pretio recipias. Minus autem pretium esse videtur, si nec dimidia pars VERI pretii soluta sit.

Codice, liv. IV , tit. XLIV , *de rescindendâ venditione*, leg. 2.

ADMETTRA-T-ON l'action en rescision pour cause de lésion outre moitié contre les ventes d'immeubles faites pendant la dépréciation du papier-monnaie ?

A 2

Sur quelle base estimera-t-on la valeur et le prix de la chose vendue?

Dès long-tems ces deux questions retentissent dans tous les tribunaux de la République, et de toutes parts on sollicite une décision du corps législatif.

Esquissons en peu de mots les raisons de droit et d'équité qui militent en faveur des vendeurs et de leurs créanciers, dont les intérêts semblent totalement sacrifiés par le projet de résolution présenté, le 2 ventôse, au conseil des cinq-cents, par le citoyen Favard, organe d'une commission spéciale.

PREMIERE QUESTION.

Admettra-t-on l'action en rescision pour cause de lésion outre moitié contre les les ventes d'immeubles faites pendant la dépréciation du papier-monnaie?

Un acquéreur peut-il être dispensé de la bonne-foi? Peut-il y avoir une vente réelle, sérieuse et stable, là où il n'y a ni prix, ni consentement? Un vendeur peut-il être contraint de recevoir deux cens francs pour deux mille écus, valeur réelle, et prix espéré de la chose vendue? En un mot, doit-on avec un sac de bled se libérer légalement de cent sacs de bled stipulés et promis ? Toutes ces questions sont identiques avec celle qu'il s'agit de résoudre.

Point de vente sans chose , sans prix et sans consentement. *Venditionem faciunt res pretium et consensus.* La chose doit être livrée telle qu'elle a été promise , le prix en rapport avec la valeur réelle de la chose vendue , le consentement libre et éclairé des deux côtés.

Le prix n'est pas en rapport avec la valeur réelle de la chose vendue , lorsqu'il est au-dessous de la moitié de cette valeur. *Minus autem pretium esse videtur si nec dimidia pars veri pretii soluta sit* (1).

Le consentement n'est pas libre et éclairé , lorsque le prix reçu n'est pas le même que celui stipulé. Le vendeur n'a consenti que pour le prix stipulé, et non pour le prix reçu. *Sane si placitum pretium non probetur solutum , hoc reddi recte postulatur* (2).

Ainsi , quand même le vendeur aurait reçu

---

(1) Cod. liv. iv , tit. xliv, *De rescindendâ venditione* , leg. 2.

(2) Cod. ibid leg. 11 , § 1.

A 3

le prix convenu , même quantité , même nature , mêmes espèces , la vente n'est pas sérieuse. Si ce prix est au-dessous de la moitié de la valeur réelle de la chose vendue.

Elle n'est pas plus sérieuse si , par les différences comparées du prix convenu , et du prix reçu , celui-ci n'équivaut pas à la moitié du juste prix.

Que faire dans ces deux cas ? L'équité veut que le vendeur reprenne la chose en restituant le prix reçu , sauf à l'acquéreur , à son choix , à parfaire le juste prix. *Humanum est, ut vel pretium te restituente emptoribus , fundum venumdatum recipias , auctoritate judicis intercedente : vel si emptor elegerit, quod deest justo pretio recipias* (1).

Il est inutile d'accumuler ici toutes les aurorités qui viennent à l'appui de ces principes éternels, qui ont fait appeler les lois romaines la raison écrite. Il suffira de citer , sans réflexion , quelques passages du contrat de vente de Pothier.

« Le prix nécessaire pour former un con-
» trat de vente doit avoir trois qualités : 1º. il
» doit être un prix sérieux : 2º. certain et

____

(1) Cod. ibid , leg. 2.

» déterminé : 3°. Il doit consister dans une
» somme d'argent ».

« Le consentement doit aussi intervenir
» sur le prix ; si l'un compte vendre pour une
» somme plus grande que celle pour laquelle
» l'autre compte acheter, ce consentement
» ne se trouve pas ; et il n'y a pas, en ce cas,
» de contrat de vente, faute du consente-
» ment ».

« Lorsque le vendeur a vendu un héritage
» au-dessous de sa juste valeur, il doit être
» présumé ne l'avoir fait que pour se pro-
» curer de l'argent dans un pressant besoin...
» Or, c'est une injustice de la part de l'a-
» cheteur de profiter du pressant besoin du
» vendeur pour acheter à vil prix, et cette
» injustice doit donner lieu à la rescision
» du contrat ».

Pourquoi ces principes ne pourraient-ils
être appliqués dans l'état actuel de notre lé-
gislation ? Parce que, durant quelques années,
les prix n'ont pas été stipulés en argent, mais
en une monnaie incertaine et variable. Eh !
qu'importe, si toujours on peut déterminer
comparativement le prix donné à la valeur
réelle de la chose vendue à l'époque du
contrat !

L'assemblée conventionnelle a cru cependant devoir faire une exception pour les ventes postérieures à la publication de la loi du 14 fructidor, an 3, et suspendre provisoirement toute action et toute instance en rescision de contrat de vente, ou équipollent à vente, pour cause de lésion d'outre-moitié, antérieure à cette époque.

Je n'examinerai pas si les ventes postérieures au 14 fructidor, an 3, c'est-à-dire, celles faites pendant la plus rapide dépréciation du papier-monnaie, ne sont pas précisément celles pour lesquelles il faudrait laisser plus particulièrement au vendeur le bénéfice de la rescision pour cause de lésion outre-moitié. En supposant même, ce qui n'est pas exact, que depuis cette époque tous les prix aient été stipulés en argent ; sous quel prétexte peut-on interdire une action qui ne peut presque jamais être exercée que dans le cas d'une évidente mauvaise foi de la part de l'acquéreur. Je prends cette loi dans son état actuel ; je ne m'occuperai que des ventes postérieures au premier janvier 1791, et antérieures au 14 fructidor, an 3, (31 août 1795).

La loi du 3 germinal dernier, a levé la

suspension prononcée par la loi du 14 fructidor , an 3. Une commission spéciale a été chargée de présenter les moyens de régler l'exercice de l'action en rescision contre ces dernières ventes.

La commission vient de faire son rapport. Elle convient que la lésion outre - moitié doit être admise. Mais sur quelle base estimera-t-on la valeur et le prix de la chose vendue ? Nous allons , sur cette seconde question , présenter quelques idées contraires à celles de la commission ; mais nous ne sortirons pas des principes exposés dans ce premier article , et qu'il est impossible de réfuter ou de nier.

SECONDE QUESTION.

Sur quelle base estimera-t-on la valeur et le prix de la chose-vendue ?

A ne consulter que les premiers errémens du droit et de l'équité , il semble naturel et strictement juste , que les experts chargés d'estimer les objets vendus, commencent par fixer la valeur des assignats formant le prix de la vente , suivant le taux de l'échelle de dépréciation du département *à l'époque du paiement* ; qu'ensuite ils comparent les assignats, ainsi réduits, avec la valeur en argent de l'immeuble au tems de la vente, et que s'il résulte de cette opération une lésion d'outre-moitié pour le vendeur, son contrat soit rescindé.

Remarquez que je dis *la valeur des assignats à l'époque du paiement, et non à l'époque du contrat.* Car, bien qu'en effet par ce dernier calcul les immeubles se trouvassent encore vendus beaucoup au-dessous de leur valeur réelle, on n'auroit qu'une idée très-imparfaite de l'injustice monstrueuse de ces ventes. Au lieu qu'en comparant la valeur des assignats à l'époque du paiement, avec la valeur réelle de la chose à l'époque de la vente, la lésion pourra s'établir très-souvent, je ne dis pas d'outre-moitié, mais des dix-neuf vingtièmes. Et puisqu'enfin on consent à porter ses regards sur cet abîme immense, il faut en sonder toute la profondeur.

Opinion de la commission.

Loin d'admettre ce système, la commission ne veut pas même qu'on estime la valeur des assignats à l'époque du contrat. « Elle pense que pour être juste envers l'acquéreur et le vendeur , il ne faut pas dénaturer le prix de la vente , en le soumettant à la réduction de l'échelle ; que la lésion doit provenir de l'insuffisance du prix considéré en assignats valeur nominale , et comparé avec la valeur en assignats de l'immeuble à l'époque du contrat ; que l'autre opération contiendrait un effet rétroactif ; qu'elle serait subversive de toutes les aliénations , et qu'elle causerait un préjudice considérable aux acquéreurs de bonne foi qui souvent ont acheté pour employer d'anciens capitaux remboursés en papier ».

Projet de résolution présenté par la commission.

C'est sur ces bases que la commission propose le projet de résolution suivant :

« Pour juger s'il y a lésion dans les ventes
» faites en papier-monnaie depuis le premier
» janvier 1791 , jusqu'à la publication de la
» loi du 14 fructidor, an 3, (31 août 1795),
» qui a supprimé pour l'avenir l'action en
» rescision pour cause de lésion , les tribu-
» naux ordonneront l'estimation par experts

» de la juste valeur contre assignats qu'avait
» l'immeuble vendu au tems du contrat, eu
» égard à son état, à son produit à la même
» époque, à la valeur contre assignats qu'a-
» vaient alors dans la contrée les immeubles
» de même nature, aux facilités et avantages
» résultans des termes accordés pour le paie-
» ment du prix de la vente ».

*Manière dont devra être appliquée cette loi,
si elle a lieu.*

« Pour mieux être entendu, prenons un exemple, a dit la commission. Un homme a vendu un immeuble moyennant 20,000 liv. assignats qu'il a touchés : eh bien ! il ne pourra faire rescinder sa vente pour cause de lésion, que s'il prouve que sa propriété, lors du contrat, valait plus de 40,000 liv. en papier ». Peu importerait si les vingt mille livres qui, lors du contrat, pouvaient valoir quinze cens francs *écus*, n'en valaient plus que quarante-huit ou trente-six lors du paiement. Ne serait-il pas aussi simple de déclarer inadmissible toute action en rescision pour cause de lésion outre-moitié, à quelque époque et dans quelque cas que ce pût être.

Vices fondamentaux du projet de la commission.

Trois choses sont à remarquer dans la résolution projettée : 1º. que la valeur réelle des immeubles vendus pendant ces cinq ans de dépréciation du papier-monnaie, sera estimée d'après *la valeur contre assignats*, qu'avaient les immeubles de même nature, à la même époque, et dans la même contrée ; 2º. que les experts devront avoir égard au produit de l'immeuble au tems de la vente ; 3ᵉ. qu'il ne sera fait aucune mention de la valeur des assignats formant le prix de la vente. Je vais examiner en deux mots les terribles conséquences de ces trois propositions.

Il est physiquement impossible d'estimer la valeur réelle des immeubles vendus pendant la dépréciation du papier-monnaie, par LA VALEUR CONTRE ASSIGNATS *qu'avaient les immeubles de même nature, à la même époque, et dans la même contrée.*

Que veulent dire d'abord ces mots *à la même époque* ? S'agit-il de la même année, du même trimestre, du même mois, de la même décade, du même jour, ou enfin du même instant métaphysique ? Cette question paraîtrait puérile et peu convenable, si les prix avaient été stipulés *valeur métallique;* mais elle devient de la plus haute importance dans tous ses points, lorsqu'on parle de *valeur contre assignats.* Nul de nos législateurs ne peut se dissimuler avec quelle effrayante rapidité le papier perdait chaque année, chaque mois, chaque décade, chaque jour, chaque instant. On se rappelle aussi que les immeubles étaient devenus un commerce comme toutes les denrées, toutes les marchandises, et tous les immeubles possibles. La même maison se vendait jusqu'à cinq et six fois dans la même quinzaine. Aucun de ceux dans les mains de qui elle passait ne possédait la plus légère partie de la somme pour laquelle il l'achetait, quelque modique qu'elle pût être; mais le bénéfice que chacun faisait sur cet agiotage, doublait et quelquefois triplait à chaque revirement le prix de la maison ; de manière que celle qui avait été vendue le premier du mois moyennant cent mille livres, n'était pas cédée le quinze du même mois, à moins de cinq cens mille livres. Le propriétaire cependant, qui souvent ne

recevait son prix qu'après les quatre mois ex-
pirés , ne touchait que cent mille livres qui
alors ne représentaient peut-être pas la centième partie des cent mille livres stipulés. Oui,
si pour établir la comparaison des valeurs
de deux immeubles de même nature dans la
même contrée , on prend le cours du mois
dans lequel la vente a été faite , il a été un
tems , l'an trois , par exemple , où ce calcul
ne laisserait subsister aucun contrat ; et pour
qu'un acquéreur pût échapper à la lésion
d'outre-moitié , il faudroit que ces mots *à la
même époque*, signifiassent *au même instant
métaphysique*. Dites donc alors qu'une vente
ne sera rescindée que si le même jour, à la
même séance du même tribunal, un immeuble de même nature a été vendu plus de moitié plus cher. Encore trouvera-t-on des différences extrêmes.

Mais parlons sérieusement. Dès que vous
admettez la rescision pour cause de lésion
outre-moitié , le premier élément de votre
opération doit être l'estimation de la *valeur
réelle* de la chose vendue à l'époque du contrat. Qu'est - ce donc qu'une valeur réelle ?
Serait-ce celle qui ne pouvait avoir aucune
base stable et certaine , qui dépendait de

l'heure et du jour de la vente , d'une motion d'ordre, d'un projet de décret , d'une carmagnole de Barere , d'une conspiration de Fouquier-Tinville , d'une insurrection de Robespierre, d'un jugement du tribunal révolutionnaire , d'un cernement de la bourse, d'une promenade ou d'un spectacle, d'une nouvelle des armées faite à Paris par les spéculateurs du jour, d'une confidence de Cambon à quelque capitaliste ? Non : la valeur réelle d'un immeuble ne peut être estimée que d'après la quantité de denrées , ou la quotité de métaux contre lesquels il peut raisonnablement et justement être échangé le jour de la vente. Il faut donc réduire en argent les assignats formant le prix de la vente.

Il serait injuste d'estimer par leur produit la valeur réelle des immeubles vendus pendant la dépréciation du papier-monnaie.

Lorsque la monnaie d'un pays est stable, fixe et invariable , lorsqu'un loyer déterminé rapporte au propriétaire la même somme réelle le dernier jour du semestre, que celle stipulée le premier jour , il semble naturel et juste que le produit d'un immeuble soit un

des

-des premiers élémens de l'estimation de sa valeur réelle. Mais si la somme que paie un locataire à l'expiration de son terme ne forme pas le quart et quelquefois la centième partie de la somme qu'il avoit promise , quoique ce soit la même nominalement ; si le propriétaire est enchaîné par un bail, et qu'il ne puisse augmenter le taux de ses loyers en raison du prix capital que son immeuble serait vendu de trimestre en trimestre , au moins nominalement, sous quel prétexte et par quel nouveau calcul peut-on arbitrer par son produit la valeur réelle d'un immeuble ? Ici toute longue discussion serait inutile. On sait qu'une maison louée dix mille livres écus en 1789 , ne rapportait pas au propriétaire un setier de bled en 1794 , bien qu'il reçut dix mille livres valeur nominale. Cette maison vendue trois millions assignats , ne représentait peut-être pas un capital réel de vingt-quatre mille francs écus. Si l'on comparait ce capital de vingt-quatre mille livres au loyer de dix mille livres écus , il y aurait une évidente lésion de dix - huit vingtièmes. Mais choisir pour capital réel les trois millions assignats , et conserver pour produit réel les dix mille livres assignats , ce seroit en effet une

B

véritable dérision ; car, par ce calcul, l'acquéreur, loin d'avoir lésé son vendeur, lui a payé sa maison quinze capitaux pour un.

Il est indispensable d'avoir égard à la valeur du prix à l'époque du paiement.

Supposons cependant que la valeur réelle d'un immeuble vendu pendant la dépréciation du papier-monnaie pût être estimée d'après la valeur contre assignats qu'avaient les immeubles de même nature, à la même époque et dans la même contrée ; admettons que son produit à cette époque pût être un des élémens de cette estimation ; au moins faut-il estimer aussi la valeur réelle du prix reçu.

Ce sont toujours les mêmes principes qui trouveront ici leur application. « Le prix doit » être sérieux, certain et déterminé, et con» sister en une somme d'argent ». Ces mots, *consister en une somme d'argent,* expliquent ceux-ci, *sérieux, certain et déterminé.* En effet, est-ce un prix sérieux, certain et déterminé, qu'un prix dont on ne peut pas savoir la valeur au moment même de la stipulation? Celui qui vendait sa maison six cens mille livres assignats , savait-il combien il la vendait ? Non, puisque le moment d'après l'enchère les assignats valaient peut-être la moitié moins que la minute d'auparavant , et c'est à cause de cette dépréciation possible, qu'autrefois un prix stipulé en bled , en bœufs et autres denrées , n'était pas un prix sérieux , certain et déterminé , il devait consister en une somme d'argent. Dira-t-on que les assignats représentaient de l'argent? Oui ; mais non pas sommes pour sommes. Il se pouvait , et il arrivait souvent que le vendeur et l'acquéreur eussent une idée bien différente de la valeur en argent de la quantité d'assignats dont ils convenaient pour prix de leur contrat ; « or le consentement » doit aussi intervenir sur le prix ; si l'un » compte vendre pour une somme plus grande » que celle pour laquelle l'autre compte » acheter, ce consentement ne se trouve pas, » et il n'y a pas, en ce cas, de contrat de » vente, faute de consentement ». Voulez-vous que le vendeur ait connu l'infinité du prix qu'il a stipulé ; ne savez-vous donc pas que la plupart des propriétaires ne vendaient que pour exister ou pour payer leurs créan-ciers, ou parce que le revenu ne pouvait

pas suffire à l'entretien de la chose, et que leur capital équivalait à peine à une année de leurs loyers, valeur métallique ? « Lorsqu'un homme
» a vendu son héritage au-dessous de sa juste
» valeur , il doit être présumé ne l'avoir fait
» que pour se procurer de l'argent dans un
» besoin pressant. Or, c'est une injustice de
» la part de l'acheteur de profiter du pressant
» besoin du vendeur pour acheter à vil prix,
» et cette injustice doit donner lieu à la res-
» cision du contrat ». On ne saurait donc mettre en doute que les assignats formant le prix de la vente ne doivent être réduits en argent. Mais à quelle époque estimera-t-on la valeur des assignats ?

Pour annuler la majeure partie des ventes faites pendant la dépréciation du papier-monnaie , peut-être suffirait-il d'estimer la valeur du prix au moment du contrat ; mais ce seroit une injustice criante envers les vendeurs les plus favorables ; je veux parler de ceux qui ne vendaient que pressés par leurs créanciers , il ne pouvaient stipuler le prix payable qu'après l'obstention des lettres de ratification, c'est-à-dire , à quatre mois de terme. C'est principalement sur les ventes de cette espèce que l'agiotage le plus monstrueux s'exerçait avec le plus de sécurité. Un homme sans aveu, sans domicile, se présentait à l'audience des criées ; il achetait le même jour, quatre maisons, moyennant le prix de deux cens mille livres chacune ; dans le cours d'un ou deux mois, il en vendait une à l'amiable et au comptant, pour le prix d'un million ; il lui restait de bénéfice net deux cens mille livres assignats et trois belles maisons ; et le malheureux propriétaire ou ses créanciers, pour soixante à quatre-vingt mille livres, que pouvait valoir le prix des quatre maisons à l'époque du contrat, ne recevait pas, à l'époque du paiement, mille écus effectifs. Prenons un exemple fameux : la compagnie d'assurance sur la vie, propriétaire des quarante-sept maisons qui entourent la comédie Italienne, et qu'elle avait acquises, en 1789, pour sept millions écus, de la succession Choiseul, fut contrainte, par un décret, de se liquider, et de vendre ses propriétés en 1795. Les ventes eurent lieu de quatre en quatre jours. A la première audience, une maison louée de tout tems, par bail principal, neuf mille livres écus, fut vendue six cens trente mille livres assignats. A la dernière audience, une autre qui n'avait jamais été louée plus de sept mille livres écus, fut vendue deux millions cinq cens mille liv. assignats. En un mot, si toutes les maisons eussent été vendues au taux du premier jour, elles n'eussent pas été vendues plus de douze millions ; et vendues ainsi successivement, dans le cours de moins de quatre mois, elles ont produit cinquante-six millions assignats. Or, remarquez que la première maison n'était pas payée le jour de la vente de la dernière. A cette époque le louis valait huit cens francs. Ainsi, l'acquéreur d'une maison louée aujourd'hui plus de neuf mille livres écus, par bail principal, en a payé le capital avec six cens trente mille livres assignats, représentant alors, au plus, dix-neuf mille livres écus. Il en est ainsi de la dernière, achetée deux millions cinq cens mille livres assignats, lorsque le louis valait huit cens francs, et payée même somme nominale lorsque le louis valloit quatre mille francs. Est-il possible de fermer les yeux sur un pareil brigandage, et peut-on se dispenser d'estimer la valeur du prix des immeubles vendus pendant la dépréciation du papier-monnaie par la valeur des assignats au jour du paiement? Sans doute, on m'objectera que les acquéreurs couraient une chance contraire, et s'exposaient, par la hausse des assignats, à payer leurs maisons beaucoup plus cher qu'elles ne valaient. Je ne réponds qu'un seul mot : c'est qu'un acquéreur peut à chaque instant se libérer, et que ceux qui, se présentant pour acheter sans avoir leurs fonds entre leurs mains, s'exposaient à une folle-enchère, méritaient leur ruine, et ne pouvaient inspirer aucun intérêt.

Le rapporteur de la commission n'a pu se dissimuler la force de ce moyen décisif de droit et d'équité. Il convient « qu'en général
» la plupart des vendeurs qui se plaignent,
» n'ont pas été lésés par la fixation du prix de
» la vente, mais bien par la dépréciation qui
» s'est opérée dans les assignats jusqu'à leur
» remboursement ; que le vendeur qui a reçu
» l'entier prix de sa vente le jour du contrat,
» ou dans un temps très-voisin, n'a guères pu
» être trompé dans sa convention ; qu'il a
» connu la valeur comparative de son im-
» meuble avec celle des assignats qui en for-
» ment le prix ; qu'en vendant, il a dû savoir
» l'emploi qu'il pouvait faire de ce prix qui
» lui a été payé comptant ; qu'il n'a donc pu
» courir aucune chance funeste, tandis que
» l'acquéreur seul a couru celle de voir dimi-

» nuer la valeur de la propriété qu'il ache-
» tait, par tous les fléaux attachés à une ré-
» volution ». Aussi propose-t-il de charger les
experts d'avoir égard *aux facilités et aux
avantages résultans des termes accordés pour
le paiement du prix de la vente.* Mais, le
croira-t-on, cet amendement n'a lieu que
pour les sommes encore dues. On peut s'en
convaincre par le passage suivant du rapport :
« Une position, y est-il dit, qui serait faite
» pour intéresser la justice du législateur,
» c'est celle du particulier qui a vendu son
» domaine 100,000 livres en assignats, valant
» alors 40,000 liv. écus, et qui n'a été payé
» de ses 100,000 liv. que dans un tems où
» cette somme produisait à peine 8 à 10,000
» liv., valeur métallique. *Mais vous avez dé-*
» *cidé, par votre loi du 16 nivôse, que les*
» *acquéreurs qui ont payé en papier-monnaie,*
» *conformément aux lois existantes, sont va-*
» *lablement acquittés* ».

Je n'élève aucune objection contre cette
loi, dont il serait cependant permis à tout citoyen de solliciter le rapport s'il en démontrait
l'injustice ; mais au moins ne faut-il pas lui
donner un sens contraire à tous les principes
de droit. Les acquéreurs qui ont payé en pa-

pier - monnaie , conformément aux lois existantes , sont valablement acquittés : Oui ; mais
pour être valablement acquitté , il faut avoir
valablement payé. Aucune loi existante n'a-
néantissait l'action en rescision pour cause de
lésion outre-moitié , contre les immeubles vendus dans l'intervalle du premier janvier 1791,
au 14 fructidor an 3 (31 août 1795). Là où
il y a lésion outre-moitié , il ne peut pas y
avoir de paiement valable , et dès-lors d'ac-
quittement valable. Toute la question se ré-
duit donc à décider sur quelle base sera estimée la valeur du prix. Supposons , pour ne
pas sortir de l'espèce présentée par le rapporteur, que celui qui est convenu de vendre son
domaine 100,000 livres assignats , ait eu une
connaissance parfaite que ces 100,000 livres
assignats ne valaient que 40,000 livres écus ,
et qu'il ait librement consenti à ne recevoir
que cette somme; rien ne peut vous autoriser
à le contraindre à se contenter de 8 à 10,000
livres , valeur métallique. Il n'a consenti que
pour 40,000 livres écus, il faut qu'il reçoive le
placitum prétium , le prix convenu. *Sane, si*
placitum prétium non probetur solutum, hoc
reddi recte postulatur (1).

____

(1) *Cod. de rescendenda venditione leg. II. §. I.*

Réponse aux objections de la commission, contre le système d'estimation de la valeur réelle de l'immeuble vendu à l'époque du contrat, et de la réduction des assignats en argent au jour du paiement.

Le système de la commission s'écroule de toutes parts : il serait aussi physiquement que moralement impossible de le mettre à exécution. Il ne nous reste plus qu'à répondre aux objections qu'elle élève contre l'opinion contraire.

Première objection.

« Qui ignore que les échelles de dépréciation n'ont pas été faites avec l'intelligence et l'impartialité que l'on pouvait attendre du jury d'équité ? Les réclamations qui s'élèvent de toutes parts ne sont-elles pas justifiées par le rapprochement déja mis sous les yeux du conseil, et duquel il résulte que la même somme de papier-monnaie, fournie le même jour dans deux endroits éloignés d'une ou deux lieues, représente, même en 1792, un capital en argent de quinze, vingt, et jusqu'à trente pour cent de plus dans un lieu que dans un autre ? »

Réponse.

C'est cette même différence des échelles proportionnelles, établies pour les départemens les plus voisins, que j'invoquerais contre le système de la commission. Le jury d'équité peut s'être trompé. Il est trop vrai cependant que le même jour, la valeur des assignats contre l'argent, différait extrêmement d'une ville à l'autre. Comment donc parviendriez-vous à estimer la valeur réelle d'un immeuble par la valeur contre assignats qu'avaient les immeubles de même nature le jour du contrat ? »

Mais qu'importe la différence des échelles proportionnelles des divers départemens, puisqu'il n'est question que d'estimer la valeur de l'immeuble vendu, par la valeur réelle des immeubles de même nature *dans la même contrée*. Il suffit que l'échelle de chaque département soit d'accord avec elle-même.

Au surplus, si votre échelle est mal basée, refondez-là. Le défaut d'intelligence et d'impartialité de la part du jury d'équité ne peut pas compromettre mes droits. Lorsque des experts font une estimation évidemment mauvaise, on n'en conclut pas que la chose ne doit pas être estimée ; on charge seulement d'autres experts de recommencer l'opération.

Seconde objection.

« S'il est prouvé qu'en général les tableaux de dépréciation sont vicieux, serait-il convenable d'y soumettre le prix des ventes d'immeubles faites en assignats, et de rendre les acquéreurs victimes des écarts qui ont été commis dans la majeure partie des départemens ? »

Réponse.

Non, je ne veux pas que pour être juste envers moi vendeur, on soit injuste envers mon acquéreur. Mais est-il plus raisonnable que je sois victime des écarts du jury d'équité ? La faute des experts ne doit profiter à personne : il ne faut pas que j'exerce mon droit d'après une base vicieuse ; mais le vice de cette base ne doit pas me frustrer de l'exercice de mon droit. Encore une fois, si votre échelle est mauvaise, refaites-là, mais ne dites pas qu'une échelle soit inutile.

Troisième objection.

« D'ailleurs, la réduction des assignats une fois faite d'après l'échelle, comment trouver la véritable valeur en argent qu'avait l'immeuble au moment de la vente, si elle a eu lieu dans ces tems affreux où la tyrannie décemvirale avait eu la cruelle impolitique de proscrire l'argent, et de prononcer même les peines les plus sévères contre ceux qui, dans des actes, stipuleraient en numéraire métallique ? »

Réponse.

J'observe d'abord que c'est précisément dans ces tems affreux que la chûte des assignats était moins rapide, et que le nombre des ventes sujettes à rescision est bien plus considérable depuis qu'avant le 9 thermidor. Il y a, sans contredit, une différence de cent contre un. Mais j'admets l'objection pour tout le tems de la dépréciation du papier-monnaie. Il y a ici force majeure. Il faut alors revenir, soit en-deçà, soit au-delà, aux ventes les plus prochaines qui ont eu cours en valeur métallique. Envain prétendra-t-on qu'on ne peut pas sérieusement remonter à 1790, pour estimer la valeur d'un immeuble vendu en 1793 ou 1794 ; qu'il est de principe et d'usage constant, que le juste prix sur lequel la lésion doit être établie , est la valeur de la chose au tems de la vente , *pretium quod fuerat tempore venditionis.* Les Romains ne connaissaient pas de papier-monnaie. Les ventes avaient cours dans tous les tems en valeur métallique. Ils ne devaient donc déterminer d'autre moment que celui de la vente, pour estimer la valeur réelle de l'immeuble vendu ; et c'est en effet le seul moment qui devra être déterminé dans tous les pays où les ventes se feront en valeur métallique. Mais puisque vous arguez de cette loi , ne séparez pas ce qui est indivisible. Elle n'entend parler que d'une valeur réelle , *pretium justum et verum.* Or , comment arbitrerez - vous la valeur d'un immeuble vendu dans ces tems malheureux , par la valeur contre assignats qu'avait un bien de même nature à la même époque, et dans la même contrée ? Il vous est démontré que cette valeur contre assignats n'est pas une valeur réelle , *justum et verum pretium.* Il n'y a donc d'autre moyen que d'anéantir , sans exception , toute action en rescision pour cause de lésion outre - moitié contre les ventes d'immeubles faites pendant toute la durée de la dépréciation du papier-monnaie , car il n'y a pas alors de moyen possible d'arbitrer la valeur réelle de l'immeuble vendu à l'époque de la vente.

Mais pourquoi se perdre en vains raisonnemens ? Sans recourir aux ventes faites, valeur métallique, en 1790, ou en l'an 5, n'avez vous pas une donnée certaine dans les baux passés en 1790 ou antérieurement, et qui subsistaient encore en 1793 et 1794 ? Prenez, si vous voulez, des termes moyens ; compensez le produit réel de ces baux avec le cours des ventes au-deçà et au-delà du tems où il ne s'en pouvait pas faire en valeur métallique , mais n'enrichissez pas les acquéreurs au dépens des vendeurs toujours plus favorables ; et quelque mode que vous adoptiez , ne laissez pas subsister un contrat où le vendeur n'a pas touché la moitié de la valeur réelle de sa chose.

Ce qu'on vous demande , vous l'avez déja fait , la loi du 16 nivôse ordonne cette estimation en argent pour le pâiement des sommes dues à raison de ventes d'immeubles ; il y a une évidente contradiction à ne pas en agir de même pour vérifier la lésion.

Vous répondez « qu'il se trouve une dif-
» férence bien sensible entre le cas de la lé-
» sion et celui de paiement qui reste à faire

» de tout ou de partie du prix d'un im-
» meuble ; que dans le premier cas il s'agit
» de la recherche d'un point de fait, qui est
» de savoir si la lésion existe ; qu'on nuirait
» nécessairement à l'acquéreur si, pour éclair-
» cir ce point de fait, on estimait en numé-
» raire un immeuble qu'il a acheté en assi-
» gnats ; que la comparaison de ces deux
» monnaies deviendrait trop favorable à la
» lésion ; que dans le second cas, il n'y a
» pas le même inconvénient, qu'il ne s'agit
» alors que d'estimer par approximation la
» valeur en argent de l'immeuble, pour fixer
» la somme numéraire que doit payer l'ac-
» quéreur à raison des sommes restantes à
» payer en assignats, afin de donner par-là
» aux assignats leur véritable valeur, compa-
» rativement à celle de l'immeuble ; que les
» experts ne font, dans ce cas, qu'une espèce
» d'échelle de réduction d'après la valeur
» présumée en argent de l'immeuble ; et que
» le résultat de cette échelle ne peut rien
» changer à l'essence du contrat, mais seu-
» lement au mode d'en payer le prix ».

Ce n'est-là qu'un cercle vicieux, une péti-
tion de principes. Ce que les experts feront
dans un cas, ils le feraient dans l'autre.

Dans

Dans les deux cas il ne s'agit que d'un point de fait qui est d'estimer la valeur, en argent, de l'immeuble au tems de la vente. L'échelle de réduction serait un changement à l'essence du contrat, dans le second comme dans le premier; ou plutôt elle n'en est un ni dans l'un ni dans l'autre. L'essence du contrat est qu'il y ait un prix juste et vrai. Pour l'arbitrer dans le second cas, vous êtes obligés de recourir à l'échelle de réduction, sans avoir aucun égard à la somme fixée dans le contrat. Cette opération est tout aussi facile et non moins juste dans le premier cas. Qu'importe que le prix stipulé soit ou ne soit pas payé, cela n'influe en rien sur sa valeur. Je dirai même que l'acquéreur qui n'a pas payé en assignats est plus favorable que l'autre ; il serait cependant traité plus rigoureusement. J'invoque avec vous la déclaration des droits : *La loi doit être égale pour tous.*

Quatrième objection.

« La différence de monnaie dans la stipulation des prix ne doit pas changer la nature des conventions, ni la manière de les régler, il faut toujours revenir aux mêmes principes

C

et les exécuter de la même manière ; si ce
n'est que dans un cas l'objet vendu est estimé
en argent, et que dans l'autre cas il doit être
estimé en assignats ; mais dans les deux
cas, ni le vendeur ni l'acquéreur n'ont point
à se plaindre, puisque l'on prend pour base
de l'estimation la monnaie dans laquelle le
prix de la vente a été convenu ».

Réponse.

Ce raisonnement serait parfaitement juste,
si les deux monnaies avaient le même carac-
tère, si la monnaie *assignats* eût été fixe,
stable et invariable comme la monnaie *argent*,
si le vendeur eût pu connaître la valeur réelle
des assignats qu'il stipulait au moment du
contrat, si la différence d'une heure ou
d'une lieue n'eût point changé son prix
entre ses mains, si du moins le jour du
paiement ces assignats lui eussent procuré
à-peu-près le même produit que celui qu'il
en espérait le jour de la vente. On sait fort
bien que l'argent, lui-même, est sujet à des
variations de valeur, et qu'il se peut faire
que cent mille francs, espèces métalliques,
soient employés aujourd'hui beaucoup plus

avantageusement que dans quatre mois ; mais la chance contraire est tout aussi possible , le prix de l'argent peut hausser comme il peut baisser, et d'ailleurs , à moins d'une altération dans la monnaie , la différence n'est jamais assez sensible pour qu'une des deux parties contractantes en soit garante plutôt que l'autre ; et c'est pour éviter d'injustes procès que dans le tems où les prix ne se stipulaient qu'en argent, on avait , 1°. fixé le seul moment de la vente pour base de l'évaluation de la chose vendue ; 2°. interdite toute action en rescision , si ce n'est pour cause de lésion outre-moitié. Mais les assignats ! ils n'étaient pas soumis à une hausse et à une baisse alternative et insensible. Ils tombaient chaque jour avec une nouvelle précipitation , et sans retour ; ils ne s'évaluaient pas relativement à l'importation ou à l'exportation de certaines marchandises , à l'abondance ou à la pénurie de certaines denrées, à la rareté ou à la multiplicité des échanges ; c'est dans leur nature, dans leur essence qu'ils se dépréciaient à chaque instant. Celui qui s'endormait avec un assignat de dix mille livres , représantant à cette heure deux sacs de bleds , n'était pas sûr de se réveiller avec la valeur d'un pain de quatre livres. Il en arrivait des assignats comme il arriverait d'une valeur métallique enfermée aujourd'hui dans votre coffre-fort, pour deux mille livres d'or pesant, et qui demain, sans augmentation proportionnelle de poids, serait convertie en argent, puis en bronze, en cuivre, en fer, en bois, en feuille de chêne. Il est donc de toute impossibilité de prendre pour base de l'estimation d'un immeuble la quotité d'assignats à laquelle a été fixé son prix le jour de la vente. On ne peut se reporter au jour du contrat que pour connaître quelle pouvait être la valeur de cet immeuble en argent; et pour calculer comparativement s'il y a eu lésion dans le prix, ce n'est qu'au taux du jour du paiement qu'il faut estimer les assignats stipulés.

Cinquième objection.

« Si la réduction avait lieu d'après l'échelle, ne serait-ce pas trop faciliter la rescision de tous les contrats, au mépris des droits des acquéreurs; ne serait-ce pas permettre au vendeur qui, *peut-être*, s'est libéré envers ses créanciers d'une manière très-

avantageuse, de bénéficier encore sur son acquéreur qui, *peut-être*, avait employé dans
cette acquisition le remboursement en papier
de capitaux à lui dus en numéraire métallique ? »

Réponse.

Quelle peut donc être la raison de cet achar-
nement contre les malheureux propriétaires,
contraints, par tous les fléaux attachés à une
révolution, d'aliéner leur patrimoine. On parle
toujours de la bonne-foi des acquéreurs. S'il
était question de biens nationaux, je conce-
verais ce raisonnement ; mais on me permettra
de n'avoir aucune obligation aux acquéreurs
d'immeubles patrimoniaux pendant la dépréciation du papier-monnaie. Puisqu'on parle
de confiance dans le gouvernement, et dans
sa monnaie, quel était, je vous prie, le plus con-
fiant de celui qui troquait ses assignats contre
des terres ou des maisons patrimoniales, ou
de celui qui recevait des assignats pour ses
terres ou ses maisons. Mais, dites-vous, le
vendeur a, *peut-être*, employé ses assignats
en remboursement d'anciennes rentes ou
d'anciens capitaux, et l'acquéreur était, *peut-*
être, un ancien créancier remboursé de cette

manière. Ce n'est-là d'abord qu'un peut-être fort hazardeux ; mais allons au fait. Bien que les loix alors existantes autorisassent ces odieux remboursemens , je conviens de toute la défaveur que mériterait celui qui , par une double injustice , aurait payé cent mille livres écus avec cent mille livres assignats, qui perdaient alors cinq à six cens pour cent, et voudrait aujourd'hui ne tenir compte à son acquéreur de ces mêmes assignats, que sur le taux de leur valeur réduite en argent. Mais ne sera-t-on pas forcé de confesser avec moi, que sur mille remboursemens de cette espèce il n'y en a pas eu vingt d'opérés avec le prix d'un immeuble patrimonial ? Il n'est que trop vrai que la plupart des vendeurs , je parle sur-tout des anciens propriétaires , ne se dessaisissaient de leurs biens qu'à l'effet de pourvoir à leur propre subsistance qu'ils ne trouvaient pas dans le produit en assignats de cet immeuble. Ne sait-on pas d'ailleurs que la loi qui suspend les remboursemens est antérieure de deux mois à la loi du 14 fructidor, an 3 ; qu'ainsi ceux qui n'avaient pas vendu quatre mois pleins avant le 23 messidor, (date de la loi qui suspend les remboursemens), n'ont pu employer de cette manière le prix de leur vente ? Ne sait-on pas que l'opinion et la jurisprudence avaient dès long - tems précédé cette loi bienfaisante, et que les tribunaux y mettaient une sage lenteur qui a empêché plus de la moitié de ces vols manifestes ? Ne sait-on pas que c'est dans ces derniers tems que les assignats tombaient avec le plus de rapidité ? Ainsi les vendeurs qui auraient destiné à cet emploi le prix de leur vente, sont restés sans immeuble, avec leurs anciennes dettes et du papier mort pour toute ressource. Cessons donc, sur la foi *d'un peut-être*, d'accabler une classe toute entière d'hommes honnêtes et malheureux, d'une accusation injuste, ou au moins destituée de toutes preuves.

CONCLUSION.

Résumons-nous :

Tout contrat de vente où il y a lésion d'outre-moitié, doit être rescindé. Toutes les parties sont d'accord sur ce point.

La lésion ne peut être arbitrée que par la valeur réelle de la chose au moment de la vente, et la réduction en argent des assignats reçus.

Ces deux bases sont déja suivies pour l'estimation des immeubles non encore payés, et pour les sommes prêtées en assignats.

Si vous les trouvez inexactes et insuffisantes, travaillez à les perfectionner. Mais, sauf quelques modifications, ce sont les seules qui puissent être adoptées.

Proposer d'estimer la valeur d'un immeuble vendu pendant la dépréciation du papier-monnaie, par la valeur contre assignats qu'avaient les immeubles de même nature, à la même époque et dans la même contrée, c'est tout-à-la-fois permettre et défendre l'action en rescision pour cause de lésion d'outre-moitié, c'est réduire la solution d'un problême à une inconnue impossible à découvrir, c'est consolider par un seul décret toutes les acquisitions même les plus évidemment frauduleuses de fait.

VIGNAN.

DE L'IMPRIM. DES ANNALES D'AGRICULTURE, rue de Seine, n°. 38, faubourg Germain.